REVISTA DE PASSATEMPO

Esta edição é uma produção da Castelo Editora com a co-produção da Ativamente.

Castelo Editora é uma marca Fantasia da RM Editora e Distribuidora Ltda.
Rua Prof Marcondes Domingues, 320
Parada Inglesa
São Paulo SP - Cep 02245-010
(11) 2548-2314
www.editoracastelo.com.br

Ativamente é selo exclusivo da Ciranda Cultural Editora e Distribuidora Ltda.

© 2020 Ciranda Cultural Editora e Distribuidora Ltda.
Produção: Castelo Editora

1ª Edição
www.cirandacultural.com.br
Todos os direitos reservados.
 Nenhuma parte desta publicação pode ser reproduzida, arquivada em sistema de busca ou transmitida por qualquer meio, seja ele eletrônico, fotocópia, gravação ou outros, sem prévia autorização do detentor dos direitos, e não pode circular encadernada ou encapada de maneira distinta daquela em que foi publicada, ou sem que as mesmas condições sejam impostas aos compradores subsequentes.

EDITORIAL

Com imensa alegria comemoramos cada nova edição lançada. Graças a você, a Castelo Editora tem sido um sucesso. Foram as inúmeras críticas, elogios e sugestões enviadas que fizeram uma revista melhor.
A revista de passatempo Laser reúne toda diversão que você merece.
São jogos de qualidade, dos tradicionais aos inéditos, que são desenvolvidos pela equipe Castelo Editora.
Cada página foi cuidadosamente construída para que você tenha prazer ao folhear.
Acreditamos que cultura e lazer devem andar juntos, portanto o objetivo primordial da equipe foi agregar conteúdo de uma maneira leve e descontraída. Mas, todo esforço só será válido se atingirmos a sua expectativa.
Agradecemos pela confiança de entregar um pedacinho do seu lazer em nossas mãos.

Criação e Elaboração
Studio Molotov

Dúvidas, Reclamações e Sugestões
molotovjogos@gmail.com

4 SUDOKU

O objetivo do jogo é completar os quadrados em branco com números de 1 a 9, lembrando que nunca deve-se repetir os números nas linhas e colunas.
A mesma regra vale para as grades menores que precisam ser completadas, sem repetição.

1	7						9	3
8								2
			3	5	7			
		1		2		6		
		2	6		8	7		
		7		9		8		
			8	3	2			
7								1
5	3						8	6

9	2						3	7
			9		3			
		4		6		1		
1				3				8
		2				6		
6				5				3
		3		9		8		
			8		2			
5	7						4	2

Diretas

Som produzido por quem ressona	Reviravolta, guinada		Legião da Boa Vontade (sigla)	Ontem, em francês	Número de anos de alguém		Aquele que discursa em público
Percorrido, explorado							
Andar à volta de, descrever uma órbita					Que se embriaga muitas vezes		
Parte interior da igreja			Palheta, em inglês				
			Bovino doméstico				
Entidade que regulamenta a advocacia no Brasil (sigla)				Ruim, em inglês		Aversão, desprezo	
Ciências (?): estudo da vida do homem em sociedade	Executar, realizar						
	Bloco-afro do Carnaval de Salvador	Falta às aulas para vadiar					
							Irmão de Moisés (Bíbl.)
Grande deserto situado na região sul da Mongólia			Parte de um porto de mar				
			A moeda do Japão				
				Produz som			
				Sílaba de borboletas			
Composição musical cantada por duas vozes						Ir ao (?): ser transmitido por estação de rádio	
Um dos ossos que formam o antebraço (Anat.)					Comunidade de apoio ao alcoólatra (sigla)		
Regente de orquestra							

Dir*e*tas

Pertencente a um departamento	Grande extensão de água salgada	Consolidação das Leis do Trabalho (sigla)	Ed (?), ator no filme "Apollo 13"	Unidade de medida agrária	Texto com indicação de cenas e diálogos em um filme
Cobrir com armadura de malha					
Uma das faces da moeda		Jogo de cartas usado para a previsão do futuro			
			Retórica (abrev.)		
			Fábrica de tijolos		
Santa (abrev.)	Sílaba de sorvetes			Raça de cão popular	
	Deliberações, decisões				
		Feitiço (pop.)			
		Cheio, abarrotado			
Fazer demorar, retardar					
Triturar, reduzir a pó			Azeda, picante		
Vigiar ocultamente, espionar					Norte, em francês
Tribunal de Contas do Estado (sigla)	Jacques (?), psicanalista				
	Centro social esportivo				
Caixilho de madeira onde se segura o tecido para bordar			Que passou, que foi		
(?) Cohen, cantor e compositor canadense					

Diretas

Amparo, defesa, proteção	Sufixo de sacarose		Relatar, contar		Presságio, prenúncio		Nome da sexta letra do alfabeto
			Tic-(?), o som do relógio				
Realce, relevo					Expedir, entregar		
Congelar, cair geada							
Reinhard (?), foi um dos líderes da Schutzstaffel durante o regime nacional-socialista na Alemanha		Panqueca fina					
		Liv (?), atriz					
			Acidente hemorrágico cerebral (pop.)				Peça de aço magnetizado
							Obstáculo, em inglês
Versão, em inglês	Diversificar, alterar		Irmã da mãe				
			Devasso, cínico				
Desprender (as amarras)							
						(?) Santana, grande treinador do futebol brasileiro	
Centro turístico na Flórida, nos EUA		Cachaça de mau gosto			Variação do pronome pessoal tu		
					Erasmo Carlos, cantor brasileiro		
Pequeno fruto rico em vitamina C							
Deus do Sol do Antigo Egito			Organização dos países exportadores de petróleo (sigla)				

7

NUMERIX

Preencha o diagrama com os números da lista abaixo.

4 Dígitos	6 Dígitos	7 Dígitos	9 Dígitos
2957	323554	1267620	341118415
4286	325358	2776324	
4626	464324	3321494	10 Dígitos
4860	466175	4368835	6856696151
5754	672857	5155474	
8069	851566	6999201	
	942003	7236670	
5 Dígitos		7250969	
50603		9653005	
78497			

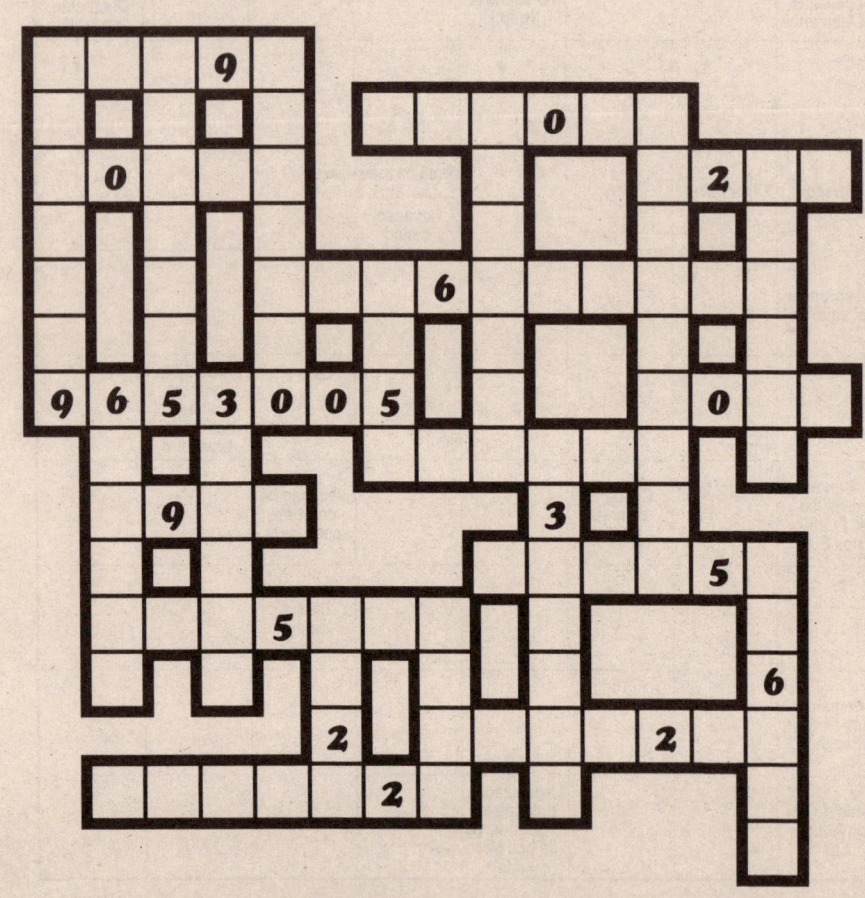

Diretas

Definições:

- Grande planalto extenso
- Blasfêmia, disparate
- Prover, abastecer
- Jogado, arriscado (dinheiro)
- Liga, associa
- Sufixo de goiabada
- Suporta, admite
- Anfíbio anuro
- Hermeto (?), compositor e instrumentista brasileiro
- Especulador que procura valorizar mercadorias
- Sucesso musical de Roberto Carlos
- Vírus que produz febre hemorrágica
- Associação de Pais e Amigos dos Excepcionais (sigla)
- Estimado
- Palma da mão, em inglês
- Mauro (?), dramaturgo brasileiro
- Apelido de Tatiane
- Murmúrio, sussurro
- Almofada, encosto
- Ponte que liga duas ruas sobre vales
- Altura, tamanho
- Santa (abrev.)
- Antiga denominação do CPF
- Penoso, doloroso (fig.)
- A primeira letra do alfabeto
- Árvore de casca medicinal
- Idiota, louco
- (?) Vegas, a cidade dos EUA famosa pelos cassinos

SUDOKU

**O objetivo do jogo é completar os quadrados em branco com números de 1 a 9, lembrando que nunca deve-se repetir os números nas linhas e colunas.
A mesma regra vale para as grades menores que precisam ser completadas, sem repetição.**

9						4	6	
		3	4				2	7
	4		6			8		1
	7	2			3			
				6				
			2			9	3	
4		9			6		1	
6	8				7	3		
	2	1						5

	8	1	7					6
3					2		1	
5			4	8				
6		7			5		4	
		5		4			3	9
					9	6		5
	1		2					7
2					7	9	8	

Diretas

- Anel, argola
- Personagem que mata o pai para casar com a mãe (Mit. grega)
- Pai do avô
- Gim, escrito ao contrário
- O fruto também denominado caqui
- Curso de água natural
- Dar licença, admitir
- Saudação popular
- Acalentado (a criança)
- Número que antecede o três
- Ave semelhante ao pato
- Sua capital é Porto Velho
- Pessoa de prestígio
- Administrou, comandou
- Tem confiança, crê
- Autor, criador
- Anda a galope
- Arco, em inglês
- Hortaliça de talo firme
- Aquele que é perito em manobrar forças durante combate
- Ilha em forma de anel feita de corais
- Refúgio de ladrões, cova de feras
- Mole, macia
- Aparece, chega
- Anno Domini (sigla)
- Pronome pessoal da primeira pessoa do singular
- Marca de carro francesa
- Frequência de rádio
- Lição de uma disciplina

Diretas

Órgão responsável pela preservação e conservação do patrimônio natural (sigla)		Símbolo do Tântalo (Quím.)	Triunfo em uma batalha		Excêntrico, esquisito		Chefe etíope
Administrar o batismo							
A maior ave brasileira		Deusa da guerra (Mit.)					
		Picante, azeda					
			(?) de Angelis, foi piloto de Fórmula 1 italiano		Organizar o cadastro de		
(?) de: a respeito de							Verbal, vocal
Osso que ocupa as partes laterais da bacia (Anat.)							
Aquele que intervém	Passageiro, transitório						
Organização que ajuda construir um mundo sem fome (sigla)				Composto cristalino encontrado na água do mar		Para que lugar	
Material usado para fabricar tecidos incombustíveis		Santa (?), a padroeira da castidade (Rel.)	Resultado de uma força física	Camada que se forma à superfície do leite			
							(?) poucos: devagar
Representa (o ator)							
Continuado, restabelecido							
Apresentador do "Programa do Jô" (TV)							

Diretas

Belém (Geogr.)			Rebordo de chapéu	Sistema de divisão territorial do período colonial do Brasil		Acha graça
				Desprezível, sem caráter		
Munir, abastecer						
Espécie de peneira						
			Ponto de saque no vôlei	(?) Lloyd Webber, compositor muscial britânico		
A posição do Robinho no Futebol	Fruto do açaizeiro					O deus do amor (Mit. grega)
	Empréstimo a juros altos					
Marcar a data de um compromisso						
Que se foi, que passou			Rio da Itália que atravessa a região da Toscana			
			(?) Leifert, apresentador do "Globo Esporte" (TV)	Aqui está O Rei dos Cavaleiros da Távola Redonda		
A capital do Canadá						Olfato dos animais
Par, em francês				Muhammad (?), pugilista americano		
Variedade de quartzo utilizada na manufatura de joias					Samara Felippo, atriz brasileira	
Regularizar, regulamentar						
Relação passageira						

13

Diretas

Grande extensão de água salgada		Perigo, em inglês	Mulher velha e feia			Sermão, discurso	
		Dilma (?), eleita presidente do Brasil em 2010	Enfurecer, zangar			Qualidade, sinal distinto	
			Fragmento de louça				
Derrota no boxe							
(?) natural: chuva							
				Argentina (sigla)			
Nação que integra o Reino Unido, na Europa							
				Alfabeto, abecedário			
				El. comp.: tudo, todos			
Animal como o Zé Colmeia, desenho animado			Sal a que se adicionou iodo		Redizer, fazer de novo		
Sem fim, eterno	A pátria, o país natal						
Corajoso, destemido							Semente de alguns vegetais
600, em romanos							
		Consoantes de morte		Multidão (pop.)		Sufixo de goiabada	
Prender, atar							
Bengalada, cacetada, paulada	Pedaço de terra endurecido						

14

Diretas

Material, palpável	Pequeno osso na parte inferior da coluna vertebral (Anat.)	Programa de Integração Social (sigla)	Pano, escrito ao contrário	(?) Pessoa, a capital da Paraíba	
				Metal branco prateado	Figura impressa
Habitante da China (fem.)					
El (?), nobre guerreiro espanhol	Canonizado pela Igreja				
	Honra, nobreza	Bacia para lavar louças			Andreia (?), uma das primeiras Paquitas do Xou da Xuxa
		Carro ferroviário			
14, em algarismos romanos			Organização Mundial da Saúde (sigla)		
Ato escrito oficial afixado em lugares públicos	O conteúdo no botijão			Filho, em inglês	
				Esposo	
Molhar em goma e alisar depois a ferro quente					
A Princesa de Gales					Aplicações, empregos
			Rua, em francês		
Cambalhota, em inglês		Lista, em inglês			
Sufixo de noitada			Transmite gratuitamente		
Indivíduo que sofre de hanseníase					

NUMERIX

Preencha o diagrama com os números da lista abaixo.

4 Dígitos	5 Dígitos	6 Dígitos	7 Dígitos
3578	12745	215362	2831818
3580	26672	331911	2951886
7568	49690	483770	3561043
7957	61663	715643	7156695
8945	62879	910189	7655080
	69040		
	73332		8 Dígitos
	75833		23030376
	85444		49874651
			57420592

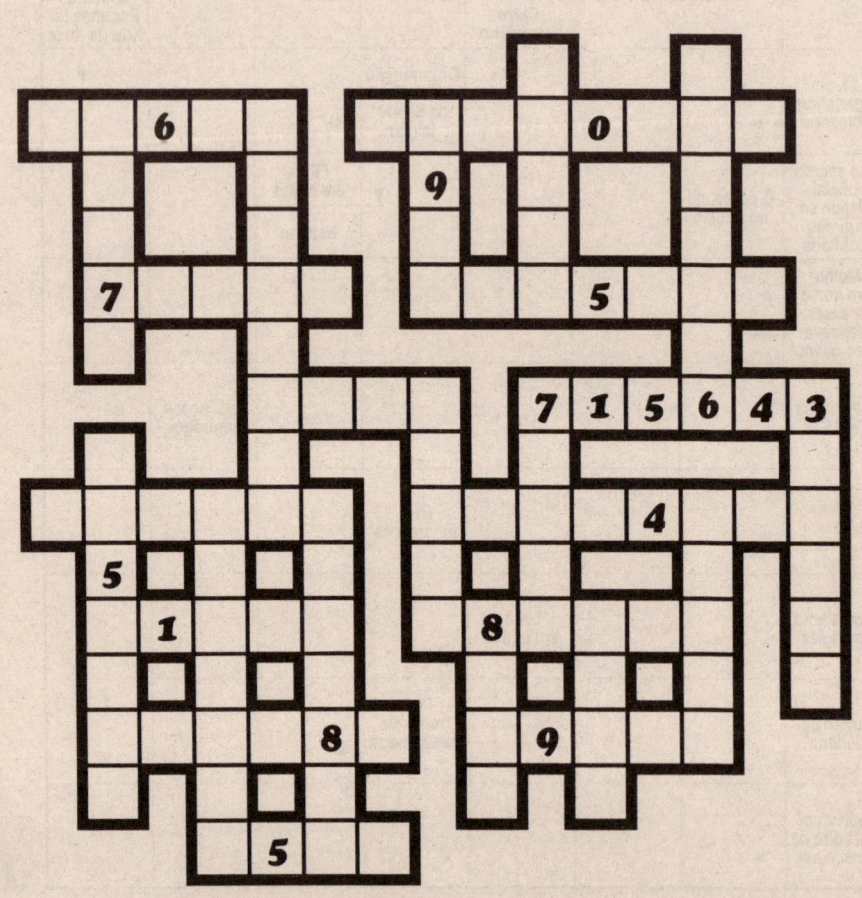

Diretas

Aquele que não tem escrúpulos		Pronunciar em voz alta, bradar	Página, em inglês		504, em algarismos romanos		O deus do Mundo Inferior e dos mortos (Mit. grega)
			Mudar a direção				
A neve que cai de uma vez							Louco, idiota
Reclamado, requerido							
Dizer por escrito							
Tribo formada de pessoas de descendência comum				Calculador manual para aritmética	Carregado completamente, cheio		
						Sistema operacional para computadores	
Tipo de papagaio colorido (pl.)			Pedestal de uma coluna				
			Dar em (?) de: cortejar				
Sossegado, calmo							Forma alternativa do mesmo gene (Biol.)
Cada cavidade superior do coração (Anat.)		Bons costumes					
		Deus, em inglês					
				Unidade de medida de área			
Suplica, reza			Magistrado administrativo na Roma antiga				
Que tem poder							

Diretas

Clue	
Lama, lodo	↓
Qualidade daquilo que é durável	
Falar mal, caluniar	
Barulhento, ruidoso	
Grande quantidade	
Oferenda à divindade	
Determinar o tamanho	
Pó, miudeza	
Preparar no forno	
Em menor quantidade	
Que está no íntimo	
Sílaba de exemplo	
Todas as coisas	
Martin (?), foi o oitavo presidente dos EUA	
Grande, em inglês	
Imprudência, loucura	
Exaurir, acabar com	
Constituição, disposição ordenada	
A do Brasil é o Real	
Relativo a paixão	
Comer como um rato	
Tese sem a letra "T"	
Som repetido (pl.)	
Cantor principal de orquestra (Inglês)	
Espírito, em inglês	
Estatuto da Criança e do Adolescente (sigla)	

Diretas

Crossword clues:

- Ato de tornar-se rico
- Grupo de peregrinos que viajam em excursões
- O fruto do coqueiro
- Relativo às relações entre nações
- Naveen Andrews, ator inglês
- Qualquer embarcação pequena
- Substância venenosa que constitui o princípio ativo do tabaco
- Obra literária
- Chamar a atenção fazendo gestos com as mãos
- Leviano, inútil
- Vogais de tira
- Arqueadura; inclinação
- Rica sem a letra "C"
- Que não tem beleza
- Pequena parte; fragmento (pl.)
- Antônimo de errada
- Nota musical
- Vaso sanguíneo
- Eliminada; anulada
- Íntimo; âmago
- Fonte de oxigênio
- Tom; matiz
- Três vezes
- Puxa o trenó do Papai Noel
- Leitura rápida, superficial
- Brado aos toureiros
- Cadeia de montanhas
- A quinta letra do alfabeto
- Corante famoso por dar a cor às calças "Jeans"
- Peso que equivale a mil quilos
- Vazias; sem miolo
- Sílaba de lastimar

Diretas

Cantor e ex-baixista do grupo "The Police" ▼		Sílaba de libélula	Robert (?), ator do filme "Leões e Cordeiros" ▼		Atraiçoar, enganar	▼	Fileira, em inglês
Levar com paciência, suportar →							▼
Alguns		Pessoa adorada como um deus →					
→			Conhecer, estar a par ▼		Relativo a profecia		
			Fêmea do leão				
Andadura rápida do cavalo →			▼		▼		Animal que puxa o trenó do Papai Noel
(?) Roosevelt, foi presidente dos EUA	Gritar, falar alto →						▼
	Já achei! Já encontrei!						
→	▼						
Época notável →				Pronome pessoal feminino singular →		Jacques (?), psicanalista francês ▼	
Espécime a que pertencem os macacos e o homem		Ferro, em inglês	Antônimo de duro	Ilha de coral			
→		▼	▼	▼			Unidade de medida agrária
Libidinosa, lasciva →							▼
Dispor, situar							
Tipo de massa que se recheia e enrola →							
→							

SUDOKU

21

O objetivo do jogo é completar os quadrados em branco com números de 1 a 9, lembrando que nunca deve-se repetir os números nas linhas e colunas.
A mesma regra vale para as grades menores que precisam ser completadas, sem repetição.

1		7	2	3	8	6		9
		6				2		
5	2		9		6		8	1
6		1				3		2
3								6
9		2				4		5
2	3		6		5		4	7
		9				5		
4		5	7	2	3	9		8

	1		5		7		2	
4								6
		6		4		7		
		4		5		3		
			2	8	3			
		1		9		2		
		5		2		4		
3								1
	4		6		8		7	

Diretas

Caixa Econômica Federal (sigla)		Aqueles que nasceram do mesmo parto		Todos os corpos celestes		Presunçosos	
		(?) Abreu, cantora do sucesso "Rio 40 graus"				Repetição	
			O continente da China				
			(?) Bello, atriz				
César (?) e Fabiano, dupla sertaneja brasileira							
				Vermelho, em inglês			
				Medida de superfície			
Que come de tudo							
Aplicar, empregar							
				Sílaba de presas			
				Achar graça			
Peroba, mogno e jatobá	Deus do sol (Mit. grega)		Publicação de obra literária ou científica		Ressentimento, ódio profundo		
Modelo oficial, base para norma							(?) festas, saudação ao fim de ano
		Agência mundial especializada em saúde (sigla)		Sufixo de bordoada		Unidade de medida agrária	
Poeira							
Aluguel, arrendamento							
Aquela que amansa, domestica	Jô (?), apresentador de TV						

Diretas

SUDOKU

24

O objetivo do jogo é completar os quadrados em branco com números de 1 a 9, lembrando que nunca deve-se repetir os números nas linhas e colunas.
A mesma regra vale para as grades menores que precisam ser completadas, sem repetição.

		5					8	
					5		2	
8			5	4		6	1	
		2		1	8			
		7	9		4	3		
			2	6		7		
	3	4		2	7			9
6		8						
	9				8			

		3	7					8
		6			4		9	5
	8						6	
3				5			8	
6			4		7			2
	1			8				6
	9						1	
	4	7	1			6		
5				4	8			

Diretas

Clue	
Livre escolha	
Cabelo, penugem (pl.)	
Irmã do cônjuge	
(?) Brown, autor do livro "O Código da Vinci"	
Homem castrado, guarda dos haréns	
(?) Lennon, fundador do grupo The Beatles	
Antônimo de entrada	
Primeiro casal criado por Deus (Bíbl.)	
Ato de enganar, fintar os adversários no futebol	
Robert De (?), ator americano	
Sim, em francês	
Morrer, em inglês	
Tem conhecimento	
Instituto que mede a audiência de programas da TV (sigla)	
Conjunto de objetos empacotados em malas	
Ver, em inglês	
Partido da frente liberal	
Afago, carícia	
Ligeiro, hábil	
Ser do sexo feminino	
Prefixo de intra-ocular	
Omitir, em inglês	
(?) Valverde, atriz brasileira	
Cobertura, telhado	
Fundo de garantia do tempo de serviço (sigla)	
(?) grosso: tempero usado em churrascos	
Sufixo de osmose	
Períodos geológicos	
Símbolo do Iodo (Quím.)	
Tudo que se opõe ao bem	
Selo de qualidade em empresas	

Diretas

Definições

- Pão eucarístico (Rel.)
- Serviço de atendimento ao consumidor (sigla)
- Pede; suplica
- Colocar em latas
- Dança artística teatral
- Riscar, alterar texto
- Tocar na harpa
- Nula sem a letra "U"
- Tem aspecto de camurça
- Estar em (?): estar em evidência
- Idioma na Grã-Bretanha
- Vaso grego para beber
- Rio brasileiro que nasce no estado de Goiás
- Chegar à terra, aportar (o barco)
- Prender, amarrar
- Recente, novo
- Embarcação esportiva formada por dois cascos paralelos, longos e estreitos
- Tolerar, suportar
- Aquilo que se paga pelo transporte de mercadorias
- Grande afeição, carinho
- (?) Allan Penzias, físico norte americano
- Quatro, em inglês
- Ave que ataca serpentes
- Sílaba de castigar
- Protestar, reivindicar
- Técnica de automassagem de origem japonesa
- Antiga arma ofensiva e defensiva na proa de navios

Diretas

Clue							
Refugiado, que recebeu asilo ↓		Letras centrais da palavra "cana" ↓	Descanso religioso dos judeus, no sábado ↓	Que se refere à íris ↓	Dez vezes cem ↓	(?) mignon: corte mais macio da carne bovina ↓	
Prato típico japonês →							
→				Antiga dança da Irlanda →			
Destino, sorte		Reunião festiva dançante →		Adorno, enfeite ↓			
		Instruir, habilitar ↓				Substância nociva que provoca a produção de anticorpos ↓	Pertencente a ela, de você ↓
→							
Golpe de faca			Aquelas mulheres →				
Ser contrário, fazer oposição →					Átomos que perderam ou ganharam elétrons (Fís.) ↓		
(?) Batista, cantor brasileiro	Aprova, concorda →						
Pessoa manhosa que vive a se lamentar de tudo (pop.)			Realiza jogos olímpicos Terreno, em inglês ↓				Um dos doze profetas menores na Bíblia hebraica ↓
Bosque, selva →							
				Segurança (abrev.) →			
Estrago, danificação →					Nordeste (sigla) →		
Determinou, organizou →							

Diretas

Definições:

- Substância química popularmente conhecida como sal de cozinha
- Bebida preparada com suco de limão
- Quantia que se paga aos filhos de mês a mês
- Estar de (?): estar bêbado (gír.)
- São Sebastião (Rel.)
- Varredor de rua
- Causar dor, sofrer
- Aquele que burla a lei, que não paga os impostos
- Sílaba de sola
- Monarca; soberano
- Colocar; depositar
- Aquela pessoa
- Grupo de pessoas que cantam juntas
- Painel sobre o qual são projetados os filmes
- De + ele
- Observa; espreita
- O dente do juízo
- Em forma de ovo
- Piso sem a letra "P"
- Consoantes de bidê
- Que está privado de visão
- Antônimo de fechar
- Distribuo em doses
- Em qual lugar?
- Aquilo que é de qualidade inferior à de todos
- Estabelecimento que ampara idosos
- O contrário de sim
- Ponto de saque no tênis
- Que se refere à higiene
- Voz de algumas aves
- Canal de televisão italiano
- Vazio; sem miolo
- Triturar; reduzir

Respostas

04

1	7	5	2	8	6	4	9	3
8	6	3	9	1	4	5	7	2
2	9	4	3	5	7	1	6	8
9	8	1	7	2	5	6	3	4
3	5	2	6	4	8	7	1	9
6	4	7	1	9	3	8	2	5
4	1	6	8	3	2	9	5	7
7	2	8	5	6	9	3	4	1
5	3	9	4	7	1	2	8	6

9	2	6	1	4	8	5	3	7
7	1	5	9	2	3	4	8	6
8	3	4	5	6	7	1	2	9
1	4	7	6	3	9	2	5	8
3	5	2	7	8	1	6	9	4
6	8	9	2	5	4	7	1	3
2	6	3	4	9	5	8	7	1
4	9	1	8	7	2	3	6	5
5	7	8	3	1	6	9	4	2

05

		V				I		
T	R	I	L	H	A	D	O	
	O	R	B	I	T	A	R	
	N	A	V	E		D	A	
	C	D		R	E	E	D	
	O	A	B		B		O	
		O	B	R	A	R		
S	O	C	I	A	I	S		
	L	A		D	O	C	A	
G	O	B	I		S	O	A	
	D	U	E	T	O			R
	U	L	N	A		A	A	
	M	A	E	S	T	R	O	

06

	D		C			
	E	M	A	L	H	A	R
	P	A		T	A	R	O
C	A	R	A		R	E	T
	R		S	O	R		E
S	T	A		L	I	L	I
	A	T	R	A	S	A	R
	M	O	E	R		B	O
	E	S	P	I	A	R	
	N		L	A	C	A	N
	T	C	E		I	D	O
B	A	S	T	I	D	O	R
	L	E	O	N	A	R	D

07

			O		N		A	
D	E	S	T	A	Q	U	E	
	G	E	A	R		S	F	
	I		C	R	E	P	E	
	D	T		A	M	I		
H	E	Y	D	R	I	C	H	
		L	E		T	I	A	
	V	E	R	S	I	O	N	
G	A	R	R	A	R		D	
	R		A	T		T	I	
M	I	A	M	I		E	C	
	A	C	E	R	O	L	A	
	R		O	P	E	P		

Respostas

08

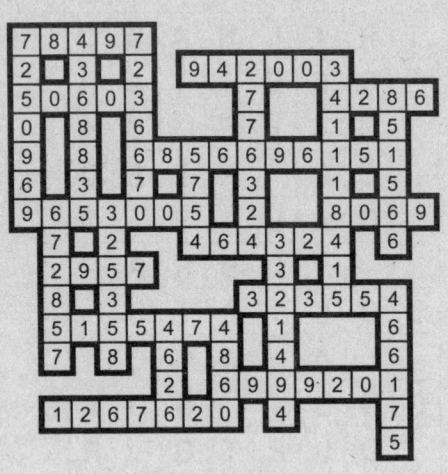

09

	C				V	
	H	E	R	E	S	I	A
	A	B	A	S	T	A	R
A	P	O	S	T	A	D	O
	A	L	I	A		U	E
A	D	A		T	A	T	I
	A		R	U	M	O	R
T	O	L	E	R	A		A
		C	A	R	O		
S	A	P	O		G	R	
	P	A	S	C	O	A	L
	A	L	T	I	S	T	A
	E	M	O	C	O	E	S

10

9	5	8	7	1	2	4	6	3
1	6	3	4	8	9	5	2	7
2	4	7	6	3	5	8	9	1
8	7	2	9	4	3	1	5	6
3	9	4	5	6	1	2	7	8
5	1	6	2	7	8	9	3	4
4	3	9	8	5	6	7	1	2
6	8	5	1	2	7	3	4	9
7	2	1	3	9	4	6	8	5

9	8	1	7	3	4	2	5	6
3	7	6	5	9	2	8	1	4
5	2	4	8	6	1	7	9	3
6	3	7	9	2	5	1	4	8
4	9	8	6	1	3	5	7	2
1	5	2	4	7	8	3	6	9
7	4	3	1	8	9	6	2	5
8	1	9	2	5	6	4	3	7
2	6	5	3	4	7	9	8	1

11

		A		B		D	
P	E	R	M	I	T	I	R
	D	O	I	S		O	I
	I		G	A	N	S	O
	P	A		V	I	P	
R	O	N	D	O	N	I	A
		R	I		A	R	C
	G	E	R	A	D	O	R
T	A	T	I	C	O		E
		L		G	E		A	D
C	O	V	I	L		T	I
	P	E	U	G	E	O	T
	A	M		A	U	L	A

Respostas

12

	I		V	M		
	B	A	T	I	Z	A	R
	A		A	T	E	N	A
E	M	A		O		I	S
	A	C	E	R	C	A	
		I	L	I	A	C	O
M	E	D	I	A	D	O	R
	F	A	O		A		A
	E				S	A	L
A	M	I	A	N	T	O	
	E	N	C	A	R	N	A
	R	E	A	T	A	D	O
J	O	S	O	A	R	E	S

13

	C	A				C	
	A	B	A	S	T	A	R
A	P	A		A		P	I
	I		A	C	A	I	
A	T	A	C	A	N	T	E
	A	G	E	N	D	A	R
	L	I		A	R	N	O
I	D	O			E	I	S
	O	T	T	A	W	A	
	P	A	I	R		S	F
	A	G	A	T	A		A
	R	E	G	U	L	A	R
N	A	M	O	R	I	C	O

14

	D			B		P
M	A	R		I	R	A	R
	N	O	C	A	U	T	E
A	G	U	A		A	R	G
	E	S	C	O	C	I	A
U	R	S	O		A	B	C
		E		O		U	A
I	N	F	I	N	I	T	O
	A	F	O	I	T	O	
D	C		D		E		G
	A	M	A	R	R	A	R
B	O	R	D	O	A	D	A
		T	O	R	R	A	O

15

	C						J
C	O	R	P	O	R	E	O
	C	H	I	N	E	S	A
	C		S	A	N	T	O
C	I	D		P	I	A	
	X	I	V		O	M	S
		G	A	S		P	O
	E	N	G	O	M	A	R
	D	I	A	N	A		V
D	I	D	O		R	U	E
	T	A		L	I	S	T
	A	D	A		D	O	A
	L	E	P	R	O	S	O

31

Respostas

16

17

	I		P		H		
	N	E	V	A	D	A	
	E	X	I	G	I	D	O
E	S	C	R	E	V	E	R
	C	L	A			S	A
A	R	A	R	A	S	.	T
	U	M		B	A	S	E
	P	A	C	A	T	O	
A	U	R	I	C	U	L	A
	L		M	O	R	A	L
R	O	G	A		A	R	E
	S	O		E	D	I	L
P	O	D	E	R	O	S	O

18

		L				P		
	D	I	F	A	M	A	R	
R	U	M	O	R	O	S	O	
	R	O		E	S	E		
	A		M	E	D	I	R	
O	B	L	A	C	A	O		
C	I	S	C	O		N	C	
	L		A	S	S	A	R	
	I	M	O		P	L	O	
	D	E		T	I		O	
V	A	N	B	U	R	E	N	
	D	O	I	D	I	C	E	
	E	S	G	O	T	A	R	

19

	E		C				B
N	I	C	O	T	I	N	A
R		A	C	E	N	A	R
L	I	V	R	O		T	C
Q		A		F	E	I	O
C	U	R	V	A	T/U	R	A
V	E	I	A		I	N		P
	C	A	N	C/E	L	A	D	A
	I		A	R		C	O	R
I	M	O		T	R	I		C
S	E	R	R	A		O	L	E
N		E		A	N	I	L
T	O	N	E	L	A	D	A
O	C	A	S		L	A	S

32

Respostas

20

	S			R		F	
	T	O	L	E	R	A	R
	I		I	D	O	L	O
U	N	S		F		S	W
	G	A	L	O	P	E	
		B	E	R	R	A	R
T	H	E	O	D	O	R	E
	E	R	A		F		N
	U		[...]	E	L	A
P	R	I	M	A	T	A	
	E	R	O	T	I	C	A
	C	O	L	O	C	A	R
C	A	N	E	L	O	N	E

21

1	4	7	2	3	8	6	5	9
8	9	6	5	7	1	2	3	4
5	2	3	9	4	6	7	8	1
6	5	1	4	8	9	3	7	2
3	7	4	1	5	2	8	9	6
9	8	2	3	6	7	4	1	5
2	3	8	6	9	5	1	4	7
7	6	9	8	1	4	5	2	3
4	1	5	7	2	3	9	6	8

9	1	3	5	6	7	8	2	4
4	7	8	3	1	2	9	5	6
5	2	6	8	4	9	7	1	3
2	9	4	1	5	6	3	8	7
6	5	7	2	8	3	1	4	9
8	3	1	7	9	4	2	6	5
7	6	5	9	2	1	4	3	8
3	8	2	4	7	5	6	9	1
1	4	9	6	3	8	5	7	2

22

	G				A		V
C	E	F		A	S	I	A
	M	E	N	O	T	T	I
A	E	R	A		R	E	D
	O	N	I	V	O	R	O
U	S	A	R		S	A	S
		N		R		C	O
M	A	D	E	I	R	A	S
	P	A	D	R	A	O	
P	O		I	N		B	
	L	O	C	A	C	A	O
D	O	M	A	D	O	R	A
		S	O	A	R	E	S

23

		L		J		K		
P	E	S	C	A	R	I	A	
	C	R	A	B		R	A	
	O		M	U	M	I	A	
	A	M		T	A	B		
C	R	O	N	I	C	A	S	
		L	O		I	T	U	
	C	A	R	T	E	I	S	
G	A	R	D	E	L		C	
	N		E	N		O	I	
C	O	N	S	T	A	N	T	
	R	E	T	A	R	D	A	
	A	C	E	R	T	A	R	

Respostas

24

9	1	5	6	7	2	4	8	3
7	4	6	3	8	1	5	9	2
8	2	3	5	4	9	6	1	7
3	5	2	7	1	8	9	4	6
1	6	7	9	5	4	3	2	8
4	8	9	2	6	3	7	5	1
5	3	4	8	2	7	1	6	9
6	7	8	1	9	5	2	3	4
2	9	1	4	3	6	8	7	5

9	2	5	3	7	6	1	4	8
1	3	6	8	2	4	9	5	7
7	8	4	5	9	1	2	6	3
3	7	9	6	5	2	4	8	1
6	5	8	4	1	7	3	9	2
4	1	2	9	8	3	5	7	6
2	9	3	7	6	5	8	1	4
8	4	7	1	3	9	6	2	5
5	6	1	2	4	8	7	3	9

25

	O		J			A
	P	E	L	O	S		D
	C	U	N	H	A	D	A
D	A	N		N	I	R	O
	O	U	I		D	I	E
		C		S	A	B	E
I	B	O	P	E		L	V
	A		F	E	M	E	A
A	G	I	L		I		
	A	N		O	M	I	T
F	G	T	S		O	S	E
	E	R	A	S		I	T
	M	A	L		I	S	O

26

		S			B		
	H	A	R	P	E	A	R
F	O	C	O		N	L	A
	S		G	A	L	E	S
A	T	R	A	C	A		U
	I	I		A	T	A	R
C	A	T	A	M	A	R	A
		A	T	U	R	A	R
	F	O	U	R		G	
	R		A	C	A	U	A
R	E	C	L	A	M	A	R
	T	A		D	O	I	N
	E	S	P	O	R	A	O

27

A						F
S	A	S	H	I	M	I
S	I	N	A		R	I	L
	L		B	A	I	L	E
F	A	C	A	D	A		
	D	A		E	L	A	S
	O	P	O	R		N	U
		A	C	E	I	T	A
	A	C		C	O	I	
	M	I	L	O	N	G	A
M	A	T	A		S	E	G
	D	A	N	O		N	E
	O	R	D	E	N	O	U

28

C		F		P		G
L	I	M	O	N	A	D	A
S	O	N	E	G	A	D	O	R
R		S	O		R	E	I
T	E	L	A		P	O	R
T		D	E	L	E		C
O	V	A	L		I	S	O
D	I		A	B	R	I	R
C	E	G	O		D	O	S	O
A	S	I	L	O		D	O
	O	A		N	A	O		P
	D		P	D		R	A	I
H	I	G	I	E	N	I	C	O
	O	C	O		M	O	E	R